U0045539

每天 **3** 分鐘，
五位大師教你新鮮有趣的創意靜心
100 Meditation Games!

在遊戲裡，禪修！

編著／噶瑪旺莫

插畫／傑洛米

玩就是禪修！玩，也是靜心！
當我們從現實生活
進入到遊戲場域，
在遊戲裡，看見的不只是
變化多端的念頭，
更是念頭背後，
人人本具的智慧與慈悲。
Play it now!

遊戲規則看這裡，
就是要你醬玩！！！

1. 不管今天怎麼過，都要拿起這本書，玩 3 分鐘。

2. 務必遵照遊戲指令進行。

3. 玩得越盡興越好。

4. 跟別人分享你的遊戲心得。

5. 仔細閱讀禪修大師的話。

6. 遊戲時，不要管其他人。

7. 從你喜歡的遊戲開始玩。

8. 現在就玩！

操作說明:搞懂禪修是什麼?

完勝攻略:挑戰你的 Crazy Mind!

雙贏秘技：慈悲，讓你成為不敗玩家！

操作說明:
搞懂禪修是什麼?

你可以禪修,也可以不禪修,就是不能不知道
「什麼是禪修」。

Game 1

別#落跑!!

3分鐘立食意禪

Rock'n'roll

請站在十字路口，戴上耳機，將音量開到最大。然後張
大眼睛，仔細觀看馬路上來往的人潮，覺知自己心裡升
起的感覺……

計數欄

這次，請你站在十字路口，拿掉耳機，閉上眼睛，你聽見了什麼？感覺到什麼呢？

和心對話

當你試圖用音樂將自己與這個世界隔離，卻無可避免地置身在人群中，心中第一個感覺到的是緊張、煩躁、輕鬆或者愉快呢？當一分鐘、兩分鐘、三分鐘過後，你有什麼不一樣的感覺？請寫下你的感受。

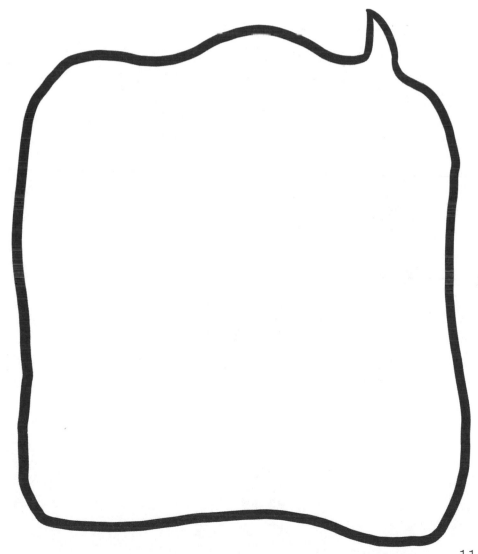

禪修並非與日常生活失去關聯，跑到山中或海邊沉思冥想，也不單是以特定姿勢專注地坐在那裡就好喔！透過某些簡單步驟，能讓我們在紛紛擾擾的日常生活中，對周圍環境敞開心智，培養敏銳洞察力。

～秋陽・創巴仁波切：《自由的迷思》

Game 2
不須評論
3分鐘創意禪

一大早進辦公室或者學校，無論別人向你說些什麼，請持續一個小時不說話。

噓!!

計數欄

你可以讓自己多久不說話？你可以讓自己的心不說話
多久呢？

和心對話

當你雙唇緊閉一小時的時候，你的心是否也能與嘴巴同步：一小時不說話呢？還是你的心更加忙碌，吱吱喳喳地說了好多話？請紀錄你的體驗。

禪修並不是「樂暈了」或「一片空白」，也不是為了讓心更為「清晰」。禪修其實是練習讓心安住於當下的自然狀態中，並單純清楚地感受當下現起的一切念頭、感官知覺或情緒。許多人抗拒禪修，因為一想到禪修，腦中浮現的第一個畫面，就是要挺直腰桿、盤起雙腿，讓心完全空白地坐在那兒好幾個小時，這些都是不必要的。禪修其實是一種不帶評論的覺知過程。

～詠給・明就仁波切：《世界上最快樂的人》

找一個並不特別的日子，去逛街但是不要帶手機出門。

計數欄

這回，請不要帶錢包逛街。

沒有手機伴行的的出遊，是什麼樣的感覺？擔心、焦慮，還是……？回到家後，會對生活產生很大的影響嗎？

禪修大師告訴你

禪定即是什麼也沒做，絕對是什麼也沒做。這可不容易！成千上萬人想要什麼都不做，卻無法達成，因為我們總是需要做一些事，不是看電視，那就讀小說、辦派對、持咒、刺青或染髮。我們總是必須要做一些事！原因是，當什麼都沒做時，我們感到孤單，不是嗎？這正是我們所不喜歡的，因為我們內在有著基本的不安感，此基本的不安感其實是不知道自己存在與否。禪定正好相反，禪定總是面對事實。因此我們該如何面對事實？什麼事都不做，這可不容易！

～宗薩欽哲仁波切：《人間是劇場》

Game 4
解除神經質
3分鐘創意禪

羅大美人
19 小時前

別在意他人的眼光
只有妳最了解妳自己
每天都要想著
找出自己最動人的時刻...

讚 · 留言 · 取消追蹤 · 推廣 · 分享

上傳一張你最自豪的照片或者一則關於你的訊息到臉書上，然後一整天不去看別人的回應。

21

計數欄

上傳一篇很棒的文章或者最精彩的故事，請大家評論，
自己卻不回應。

讚

和心對話

當你將自己美美的照片或者在乎的訊息發布給親朋好友知道，卻不去關注大家的回應，你的心情是懸在半空中般的焦灼，還是滿懷喜悅的期待，或者……，請如實記錄下來。

禪修大師告訴你

禪修並非為了追求迷醉、精神上的幸福或寧靜，也不是為了使自己成為一個更好的人；而是為了創造一個空間，使我們得以在其中顯露並解除我們神經質的遊戲、自欺，以及隱藏的恐懼與希望。我們藉由什麼都不做的簡單訓練提供空間。

～邱陽・創巴仁波切：《自由的迷思》

Game 5 放牛吃草

3分鐘創意禪

將一隻手綁起來至少一小時，只用另一手刷
牙、洗臉、吃飯、做事……等。

你還可以怎麼玩

計數欄

戴上眼罩至少半小時，體驗一隻眼睛的生活，並且保持覺知。

和心對話

當你只能使用一隻手 或一隻眼睛生活時，你
是全然專注在當下， 還是不斷地想著有兩
隻手或一雙眼睛可以 使用該有多好？觀照
自己的念頭，然後寫 下來。

禪修大師告訴你

禪坐是將一頭躁動不安的牛放到一片廣闊肥沃的草原上，牛在草原上可能一時靜不下來，但是到了某一階段，因為有偌大的空間，不安顯得無足輕重了，因此牛一直吃草、吃草，終於輕鬆平靜地睡著了。注意到躁動的存在並認同它，需要正念（mindfulness）；提供茂盛的草原與一大片空間給躁動的牛，則需要覺知（awareness）。因此，正念與覺知總是相輔相成的。

～邱陽 · 創巴仁波切：《自由的迷思》

用反向字寫下你的名字
三十次，然後塗掉。

你還可以怎麼玩?

計數欄

用另一隻手寫下禪修大師的話,記得保持覺知!

和♡對話

書寫的過程，一開始覺得寫反向字有點困難，然後逐漸熟練，速度也變快了，接著是否開始覺得無聊和手痠？寫完塗掉後，會不會覺得可惜？請你觀察並記錄心的變化。

禪修大師告訴你

禪修是將我們的神經質提升至表面而非沉埋到心底，因為那使我們明瞭人生是可以經營的。有人會以為只要逃離日常生活的紛紛擾擾，他們就能在山中或海邊專心沉思冥想，殊不知逃離我們生活中的俗務，就如同捨棄夾在兩片麵包中間真正富有營養的食物一樣──當你點三明治的時候，你不會只要兩片麵包，中間夾的那塊美味可口的餡料，才是菁華所在。

～邱陽 · 創巴仁波切：《自由的迷思》

Game7
跟問題交朋友

3分鐘創意禪

請斯文地微笑一分鐘,然後再像孩子一樣開懷地大笑兩分鐘。

你還可以怎麼玩

計數欄

試著讓自己大笑 5 分鐘，
再逐次增加時間。

34

和心對話

經過練習之後，微笑對你來說，變得比以前更容易嗎？
放聲大笑剛開始好像有點困難，但是即使一開始是假
笑，笑久了也會變成真的笑。

禪修大師告訴你

禪修的藏文是「鞏」（gom），字面意義是「逐漸熟悉」。如同交朋友般，我們也要以漸進的方式來探究自己的心。禪修與交朋友唯一的不同點是：你要深入交往的朋友是你自己。然後，你可以將所有的問題變成朋友。

～詠給・明就仁波切：《世界上最快樂的人》

Game 8
沒有目的

3分鐘創意禪

快走三分鐘,再快跑三分鐘,然後
停下來站在原地一分鐘,保持覺知。

你還可以怎麼玩

計數欄

請像懶猴一樣非常緩慢地步行五分鐘,並覺知
雙腳的每一個動作。

和心對話

當腳步迅速移動，心跳隨之越來越快時，你的心也和步伐一樣忙碌嗎？還是，你的心在覺知中反而獲得短暫的休息。

禪修大師告訴你

禪修就是處理「目的」本身。禪修並不是為了達到什麼目的，它是要處理那個目的。一般說來，我們做任何事都有個目的：未來會發生某件事，因此我現在所做的非常重要——一切都與那件事有關。而禪修的整個理念就是要發展出一套全然不同的理事方法——你完全沒有目的。事實上，禪修所要處理的問題就是有沒有「目的」這回事。當我們學會以另一種方式對付情境時，我們就不再必須有目的了。我們並不是正在要往哪裡去的路上；或許該說：我們正在路上，但也同時在目的地。那才是禪修真正要做到的。

~邱陽 · 創巴仁波切：《動中修行》

40

Game 9
簡單最好

3分鐘創意禪

靜坐3分鐘

1. 視線自然垂,微微看到自己的鼻尖。

2. 嘴唇微微張開,舌頂上顎、下巴微微向下。

3. 手臂和身體之間稍有空隙。

4. 雙肩平衡。

5. 脊椎正直。

6. 手結禪定印。

7. 雙腿盤坐。

抖

抖

抖

它是桌子!!

你還可以怎麼玩

計數欄

禪修,不一定要盤腿,
坐在椅子上也行喔!

和心對話

貼心小提醒：打坐時切勿聳肩或駝背，肩膀自然下垂，脊椎要打直。請別擔心自己不能盤腿，也可以是單盤或雙腿交叉坐的散盤。

ZZZZZ

禪修大師告訴你

請練習：讓你的心，自然放鬆，不需要特別做什麼，只要放鬆。禪修，沒你想的那麼難。禪修，其實很簡單！當你走路時，可以禪修；當你發呆時，可以禪修；當你無聊時，可以禪修；當你睡覺時，也可以禪修！

~詠給・明就仁波切:《明心之旅——次第走過》

Game 10
就是要單純

畫下你今天使用過
的餐具，至少兩
樣。

3分鐘創意禪

計數欄

寫出或畫出今天吃過的三種菜色內容，越詳細越好。

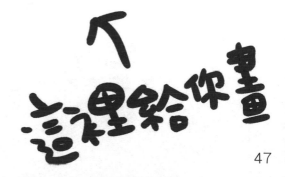

這裡給你畫

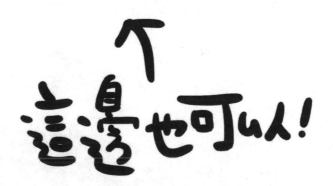

這邊也可以！

和心對話

當你回憶今天用過的碗筷、刀叉、盤子等等，是否發現原來每天慣用的餐具，竟然想不起來真實的樣貌？平常吃飯的時候，心在哪裡呢？再努力一點讓記憶倒帶吧！

禪修大師告訴你

禪坐必須與日常生活的覺知練習（awareness practice）相輔為用。在覺知練習當中，開始感受禪坐的後作用：你與呼吸及你與念頭間的單純關係持續下去，並將生活中的任何情境都轉變為一種單純關係──你與廚房水槽的單純關係，與車子間的單純關係，與父親、母親、孩子間的單純關係。當然，這不是說一個人突然超凡入聖了，慣常的煩擾依舊存在，但它們只是單純的煩擾、透明的煩擾而已。

～邱陽・創巴仁波切：《自由的迷思》

完勝攻略：
挑戰你的 Crazy Mind！

你可以選擇狂亂，也可以使心平靜，就是不能不認識心的狀態。

Game 11.
Fun 鬆聆聽

請聽洗衣機的聲音:浸沒、旋轉、清潔、循環、
淨化,不去分辨是否悅耳,只管放鬆聆聽。

53

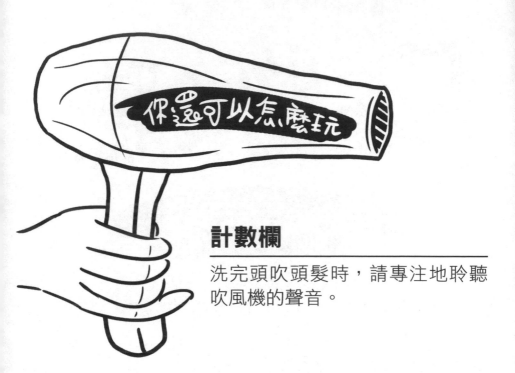

計數欄

洗完頭吹頭髮時，請專注地聆聽吹風機的聲音。

和心對話

家裡有很多聲音聽起來並不悅耳，卻無可避免地必須經常聽見，例如電風扇轉動的聲音、炒菜時抽油煙機的聲音……等。只要將這些聲音轉化成禪修的對象，你也可以和噪音好好相處。

禪修大師告訴你

讓你的心安住在放鬆的狀態中一會兒，然後先慢慢地覺察耳邊所聽到的聲音，比如自己的心跳聲或呼吸聲，或者四周自然出現的一切聲音，有些人認為播放大自然音樂或輕音樂也滿有幫助的。你並不需要去辨認這些聲音，也不需要專注在某個聲音上。只要讓自己覺察到所聽到的一切聲音。你可能發現自己只能專注在聲音上幾秒鐘，心便四處遊盪去了。那也沒關係，發現自己的心散亂了，就回到放鬆的狀態，然後再把覺知移到聲音上。　～詠給・明就仁波切：《世界上最快樂的人》

Game 12.

不去壓抑

3分鐘創意禪

朗誦一段喜歡的文章，
錄下來，然後播放出來
聽自己的聲音。

啦

♩

啦

啦

計數欄

唱一首歌，錄下來，然後不帶批評地
聆聽自己的歌聲。

你還可以怎麼玩

和心對話

從錄音播出的聲音，是否和平常自己聽到的不一樣呢？很新奇、怪怪的，還是……。現在，就將聽到自己聲音的感覺寫下來吧！

最近常聽到的聲音……

當有念頭升起時，只以念頭觀照它，而不要將它當成
一個題目。通常當我們有念頭時，我們不覺得那只不
過是念頭而已。譬如我們正在計畫下次的度假旅行，
因我們是如此全心投入地在想這件事，幾乎像是已經
去度假了，甚至覺察不出這只是些念頭。如果我們看
出這只不過是念頭所造成的景象，我們會發現它具有
更少的實質。我們在禪坐時不應去壓抑念頭，而應試
著去觀察它短暫的、半透明的本質。你不應牽扯到念
頭裡去，也不要排拒，只須加以觀照，然後返回覺知。
整件事的重點在於培養對所有事物的接納，因此我們
不應存有分別心或涉及任何形式的掙扎。這就是基本
的禪修方法，是既簡單又直接的。不要做刻意的努力，
或試圖控制，或試圖達到安詳。

～邱陽・創巴仁波切：《動中修行》

Game 13.

讓心解食饞

3分鐘創意禪

含一顆你最愛的巧克力，或者酸梅、糖果，只管品嚐味道，但是不去分析好吃或者不好吃，喜歡吃或者不喜歡吃。

你還可以怎麼玩

計數欄

啜飲一口茶或咖啡，配上喜愛的糕點，
覺知味道的變化。

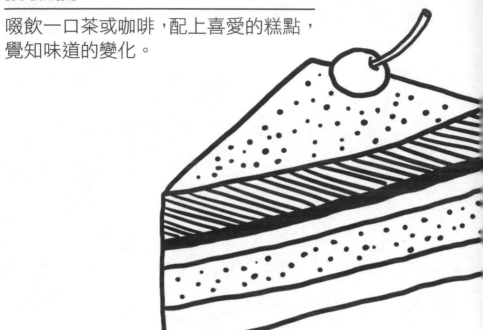

和心對話

忙碌的一天，請在午後沏上一壺熱茶或沖泡一杯咖啡，
品味溫潤茶香或者醇厚的咖啡香，讓心靈小憩一下……

禪修大師告訴你

專注於味道是非常實用的禪修技巧，我們可以利用每天的早、中、晚餐等好幾次機會來進行禪修。在學習以味道為專注的對境時，首先，同樣讓心自然地安住一會兒，再將注意力輕鬆地專注在所嚐到的味道上，但不需要去分析它是苦的、甜的或酸的，只要將注意力輕鬆地安住在我嚐到的所有味道上，然後自然地安住自心即可。也就是將注意力放在對味道的覺知和把心自然地安住，這兩個步驟交替練習。

～詠給‧明就仁波切：《世界上最快樂的人》

Game 14.

食在有趣

3分鐘創意禪

在玉米濃湯裡加棉花糖，或者豆花加果汁 QQ 糖，嚐嚐
看什麼味道，保持覺知，不去分析美不美味。

你還可以怎麼玩

計數欄

喝喝看！奶茶加鹽是什麼味道？

請你改變平常習慣的吃法，寫下有趣的嘗鮮感覺。

禪修大師告訴你

烹飪或飲食這類簡單的活動，提供了修持大好的機會。
比如切菜時，你可以邊切邊把注意力放在切割的形狀
或顏色上，也可以注意湯汁或醬料沸騰冒泡的聲音；
吃飯的時候，便把注意力放在體驗到的氣味和口感上。

～詠給‧明就仁波切：《世界上最快樂的人》

Game 15.

苦可以轉化

3分鐘創意禪

用膠帶纏繞住自己的手指，
覺知緊繃的感覺；然後再
撕下來，覺知疼痛，但不
去批判和抗拒痛的感覺。

計數欄

閉氣一分鐘，保持覺知，專注在不舒服的感覺，但是不去分析和評判。

拜託等等
撕慢一點..

和♥對話

只是單純的看著疼痛，不期待疼痛消失，也不恐懼疼
痛持續，如是觀察疼痛的感覺是否逐漸減輕。

禪修大師告訴你

痛覺禪修：冷、熱、飢餓、飽脹、沉重、頭暈、頭痛、牙痛、鼻塞、喉嚨痛、膝蓋痛或下背痛等知覺，雖然不見得都是愉悅的，但我們的覺性就是這麼直接地感受到了。由於痛苦和不舒服的感覺是如此直接，因此，它們其實是對禪修很有效的對境。當我們對來自痛苦的威脅感到憂慮或困擾時，痛苦幾乎總是更增強；如果我們把痛苦或不適感視為禪修的對境，只是單純地看著心處理各種問題，就能夠運用這些知覺來增強心的清明。

～詠給・明就仁波切：《世界上最快樂的人》

Game 16.
回到呼吸

觀察自己的呼吸：一呼一吸數 1、一呼一吸數 2、一呼一吸數 3……，數到 21 之後，再從 1 開始數到 21。保持覺知，自然呼吸，不要試圖控制呼吸。

3分鐘創意禪

73

呼 吸 呼 吸 吸 吸 呼 吸 呼 吸

計數欄

你也可以單單只是覺知自己的「吸氣和呼氣」：吸氣的時候知道自己在吸氣，呼氣的時候知道自己在呼氣，而不去數數字。

你還可以怎麼玩？

和♡對話

數呼吸時，如果忘記自己數到哪裡了，
就再從 1 開始數起。

呼 吸

呼 吸 呼 吸 呼 吸

呼 吸

禪修大師告訴你

專注於呼吸，沒有別的。然後，或許某些念頭會出現。當念頭出現，我們該做什麼？什麼都不做。干擾或多或少會出現：昨天說的話、上禮拜看的電影、剛才的交談、明天該做的事、突然的恐慌──今天早上有沒有關上廚房的瓦斯？諸如此類的事，它們都有可能出現；當它們出現時，回到呼吸上。

～宗薩欽哲仁波切：《人間是劇場》

Game 17.

誰誑安靜？

3分鐘裡創意禪

請開啟鬧鐘，聽一分鐘鈴聲，
然後暫停一分鐘。再開啟鬧
鐘，重複做一次。

計數欄

這次，用手機鈴聲試試看！

和心對話

突如其來的撕扯。原本緩緩流動的血液突然因為一道
傷口而潰流，就像我們在削皮或刮鬍子的時候割傷了
一樣；並不嚴重，沒有劇痛，但是肉裂開，皮也破了。
鬧鐘一響，就是這樣。一連串尖銳、刺耳、單調的聲響，
如萬針穿腦。（家中，某天清晨）～德瓦：《51種物戀》

如果讓「聲音只是聲音」，不加入自己的好惡和評論，
鈴聲聽起來是否和原來的感覺不同？

禪修大師告訴你

想安靜下來，不是得趕走聒噪的鳥兒們；想要靜止，
你也無法制止空氣的流動或河水的奔騰。接受它們，
你本身就會感受到寧靜，你應該將接受它們當做是建
立寧靜的一部分。鳥所發出的吵聲是一個因素，而你
對噪音的概念又是另一個因素。當你可以處理自身的
因素時，鳥的聒噪就不過是聽得見的寧靜罷了。

〜邱陽・創巴仁波切：《動中修行》

Game 18.
白費力氣
3分金里創意禪

現在,讓白己安靜下來,注意力放在呼吸上。每當有一個妄念飛過你的腦際,就連一條線。三分鐘過後,請問你連了幾條線?是否完成這個圖形?

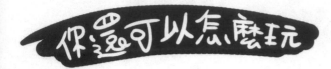

計數欄

用圍棋的黑棋或白棋,在專注呼吸的過程,只要一有妄念生起,就將一顆棋子放入容器中,然後數數看自己在三分鐘內胡思亂想多少次?

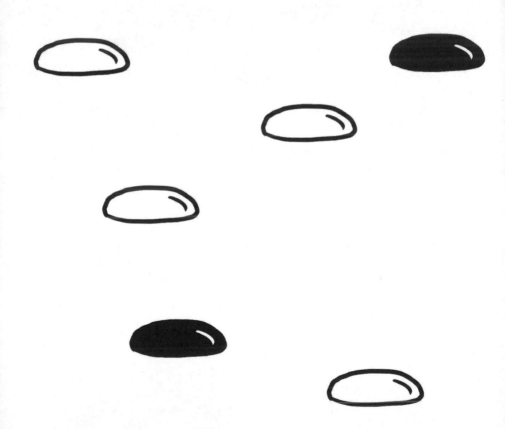

和心對話

一天當中，你是善念多還是惡念多？不妨用黑棋和白棋來跟自己比賽。黑棋代表負面想法，白旗代表正面想法。現在就開始行動！

禪修大師告訴你

努力不懈地告訴自己：「靜下來！靜下來！靜下來！」這樣做，心是絕對靜不下來的。如果我又說：「別想那麼多了，停下來！」越使勁做，結果越糟。這也是禪修變得如此困難的原因——想讓念頭停止，不再感到緊張，但是做不到，因為沒辦法關掉自己的心。禪修的關鍵在於：當一個念頭升起，讓它升起；之後，就讓它離開。我們唯一要做的，就是讓每個念頭都自在的來去，不讓自己隨著念頭跑。

～林谷祖古仁波切：《修心——七種自利利他的「心靈煉金術」》

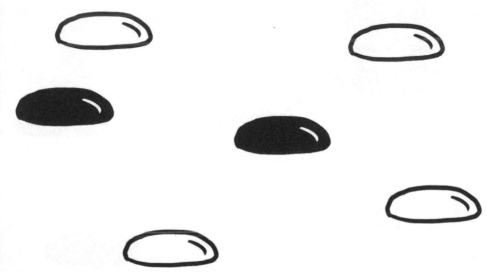

Game 19.
像蛇般盤圓圈

3分鐘創意禪

將雙手打開伸直，手心向下，雙腳與肩同寬。然後右膝成 90 度慢慢往上抬至腰部，再將右腳掌平放於左大腿內側，保持自然呼吸兩分鐘，然後輕輕放下。再換左腳重複同樣的動作一次。

計數欄

用不是平常寫字的另一手，寫下自己喜歡的一段話。

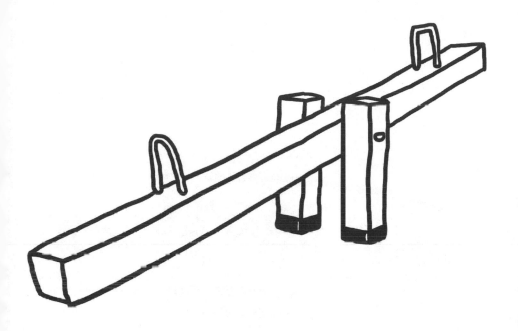

和心對話

練習了身體和左右手的平衡禪修後，是否發現心的專注與身體和手的平衡緊緊相扣呢？別忘了，隨時隨地平衡一下！

禪修大師告訴你

你要放鬆，只看著自己的心。一旦心中升起任何造作
或念頭，就把它們當成盤起來的蛇；蛇自己盤成一個
結，蛇也能鬆開那個結，解放自己。不要逐一地降服
每個造作念頭，因為當你追蹤一個念頭的時候，其他
念頭會攻擊你，讓你失去禪定。

～宗薩欽哲仁波切：《不是只要快樂》

Game 20.
並非壞事

3分鐘創意禪

拿一面鏡子，將自己的臉當成紙黏土，對著它，隨意捏出快樂和生氣兩種表情。

你還可以怎麼玩

計數欄

找一個夥伴，互相捏出兩種跟情緒有關的表情，例如：
興奮、傷心等等。只能使用雙手，不能開口說話。

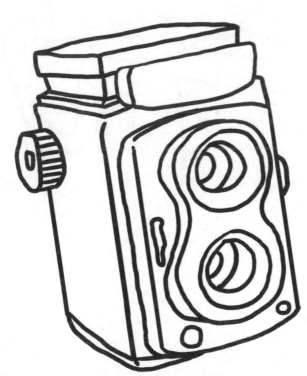

和心對話

當你動手雕塑好了各種情緒後，請拍下來或者記錄你
看到的樣子，和平常想像中的有什麼不一樣？

禪修大師告訴你

我們的意識是隻「興奮的瘋猴子」，有點難對付。這
隻瘋猴子總愛跳來跳去，製造迷惑、疑慮和不確定。
但是，瘋猴子的搗亂並非一件「壞」事！思考是心的
自然活動，禪修不是去抑制你的念頭，而是將瘋猴子
心安住於心的自然狀態，並在念頭、情緒和感官知覺
顯現時，完全開放地接受它們、自然地覺察它們。

～詠給・明就仁波切：《世界上最快樂的人》

game 21.

小心上當

3分鐘創意禪

請用一筆畫，完成一個圓圈中間一點。

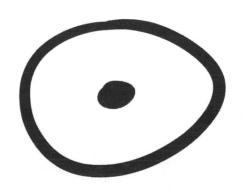

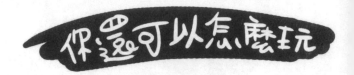

計數欄

如果用一筆畫完成一個三角形，中間一點，方法是否和畫圓圈一樣？

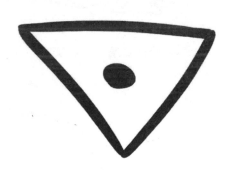

畫圖的過程中，一直以自己習慣的思維方式，卻找不出方法時，心情是不是很容易焦慮或煩躁？如果換一個方向思考，然後不對急切的心做出反應，是否就能很快找到答案？

禪修大師告訴你

我們很聽瘋猴子（crazy monkey mind）的話，無論瘋猴子帶我們到哪，我們都乖乖地跟隨牠，並產生負面及破壞性的情緒。禪修，就是給瘋猴子心一點小小的事情做。當遇到困難、遇到瘋猴子心的問題、遇上生命的障礙，你可以用問題做為禪修的對境，與它們做朋友，把它們轉化成快樂及內心平和的助緣。

〜詠給‧明就仁波切

game 22.
睡覺的不睡覺

3分鐘創意禪

坐在客廳，想像沙發是太空船，
客廳是銀河系，你獨自航行在
宇宙中。

計數欄

躺在床上，想像床是太空船，航行在兩個世界之間。

和心對話

你相信所有的事物都是真的嗎？當你從外部看床的時候，這個難題便會消失。假如你買床、拆床、修理床，假如你搬家時，移動床、打包床、度量床、估床價、重新安床（渦不過得了這扇門？走廊呢？這裡的角度呢？），假如你在打掃或換洗床單，在你眼裡的床毫無疑問就是一件事物。……我們一旦躺上去之後，它便再也不是事物。身體的翻轉、躺平，是如何徹底改變感受的？為什麼？問題不在於床是否忽然間不存在了，而是為什麼我一躺到床上，就怎麼也不能把它當成事物看待。

〜德瓦：《51 種物戀》

將你對沙發、客廳和床的想像記錄下來。

禪修大師告訴你

你可以在睡覺或作夢時進行禪修。當你快睡著時，可以輕輕地將注意力放在睡意的感受上。或者你也可以在睡前默默對自己複誦幾遍：「我會認出我在作夢，我會認出我在作夢，我會認出我在作夢……。」創造一種將夢境轉為禪修經驗的機會。

～詠給・明就仁波切：《世界上最快樂的人》

game 23.

並不頑寶

3分鐘創意禪

拿兩碗白飯，對著其中一碗讚美兩分鐘，例如：感恩你、你真香、你晶瑩剔透美極了……等。再對著另一碗咒罵兩分鐘，例如：你真臭、你真難吃、你沒有用……等。然後放置到隔天，再重複做一次。看看會發生什麼事？

計數欄

你也可以拿兩杯白開水，讚美其中一杯三分鐘，謾罵另一杯三分鐘，然後擱置一天。隔天請嚐嚐看這兩杯水味道有什麼不同？

在這個小小實驗的過程中，請去覺知：當你讚美一碗飯或一杯水時，心是否感覺喜悅與輕鬆？又，當你謾罵另一碗飯或另一杯水時，心是否隨著言語而激動惱怒了起來？而如果保持覺知，不帶批評地去讚美與咒罵飯和水，心是否能處於平靜的狀態呢？請將你的感受和實驗結果記錄下來。

禪修大師告訴你

只是這樣靜靜地坐著，觀察念頭和情緒如何迅速且經常不按邏輯地來來去去；我開始「直接」認識到，念頭和情緒並不像表相上看起來那樣具體或真實。一旦我不再相信它們告訴我的故事之後，我開始見到背後的「作者」——無垠廣闊、無限開放的覺性，也就是心的本性。

～詠給‧明就仁波切:《世界上最快樂的人》

到便利商店，站在飲料櫃前面專注地觀察三分鐘，盡可能記住眼前的每一種飲料。回家後拿出紙筆，寫出你所記得的飲料有多少種。

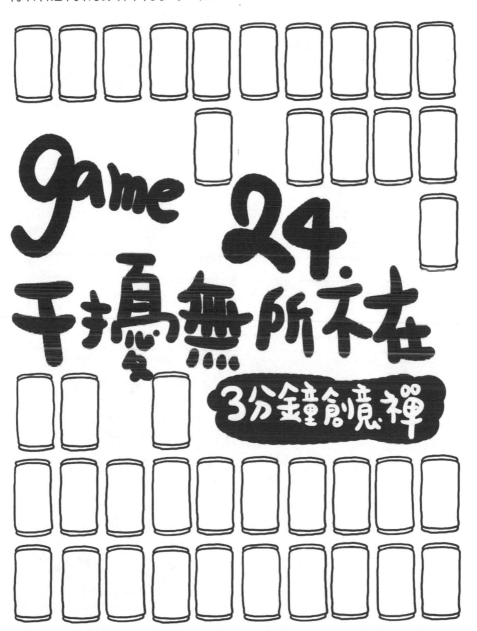

game 24.
干擾無所不在
3分鐘創境禪

你還可以怎麼玩

計數欄

這次到便利商店，站在零食櫃或泡麵櫃前面，專注地觀察你所看到的零食或泡麵。回家後拿出紙筆，寫出你所記得的零食或泡麵，總共多少種。

和心對話

在來來往往的便利商店裡，想要保持覺知，是簡單還是困難？當你專注在要觀察的飲料、零食或泡麵時，周圍的干擾有沒有減少，還是增加？隨著專注力的提升，記得的產品是否也跟著變多？

禪修大師告訴你

即使是關起門窗在室內禪修，你一定還是會被什麼東西所干擾，比如搔癢、背痛、吞嚥、水龍頭滴水聲、鬧鐘的滴達聲，或者樓上的腳步聲等。無論身在何處，你永遠都會遇到干擾。無論干擾以何種形式出現，無論有多煩人，非正式禪修最大的益處就是，讓我們學會如何面對這些無所不在的干擾。

～詠給・明就仁波切：《世界上最快樂的人》

game 25.

都了是想像

3分鐘創境禪

111

你還可以怎麼玩

計數欄

找一條從來沒有走過的路，回家。
保持覺知，並觀察踏上這條新路
的時候，內心產生的變化是新鮮、
緊張、篤定，還是有其他感覺？

和♥對話

無論是走迷宮，還是走一條新的路回家，你是否對
「未知的未來」產生許多的情緒和想像？寫下你覺
知到的念頭。

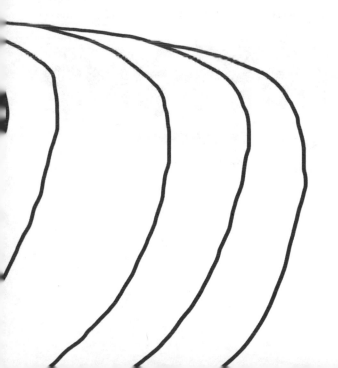

一旦開始追逐某個念頭，你就無法認清當下發生的一切，接著就會開始想像出各種幻相、評論、記憶，以及跟當下實相風馬牛不相及的情節。你愈是讓自己的心跟隨著這些念頭四處游蕩，就愈容易遠離當下的開闊廣大。止禪修的目的，就是要慢慢地、逐漸地打破這種習性，並保持當下的覺知，以開放的心接受當下所有的可能性。　～詠給‧明就仁波切：《世界上最快樂的人》

禪修大師告訴你

game 26.

戲球攻它!

3分鐘創境禪

把氣球吹飽滿,然後
用針戳破!

你還可以怎麼玩

計數欄

用肥皂水吹泡泡,觀察
泡泡形成與消失的變化。

和♡對話

無論是吹氣球或者泡泡，是否讓你想起童年玩樂的趣味呢？在拿針戳破氣球的一剎那，你的心是有一點點懼怕，還是覺得好玩？保持覺知，並且寫下你的感覺。

禪修大師告訴你

自我像一個氣泡，它是某種程度的物體，雖然它並非真正存在 —— 它不是永久的東西，但事實上它所顯現的卻比真正的它更像一個物體。這是另一種保護自己、試圖維護自我的方法。

～邱陽・創巴仁波切：《動中修行》

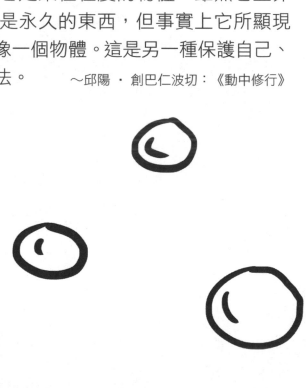

game 27.

看著就好

3分鐘創意禪

拿一個信封，替它
裝上手和腳，並且
畫上衣服。

你還可以怎麼玩

計數欄

拿一把傘，替它裝上耳朵。

雨傘自私嗎？打開它，就會構成只屬於一個人、為自己量身訂做並可以移動的天空。這種自私卻被視為正當、無害、正常，將人與人隔離開來。而世界上真正的大雨，是自我就是他人的一場雨，他人也是自我的一場雨。

～德瓦：《51種物戀》

和心對話

禪修大師告訴你

讓念頭以自己的方式展現，猶如大人看著孩子蓋沙堡、
用玩具士兵玩假戰爭遊戲，或者玩其他遊戲一樣，孩
子們如此起勁地玩著自己的遊戲，但大人只是看著他
們嚴肅當真的舉動，深情溫柔地笑了。

～詠給‧明就仁波切：《世界上最快樂的人》

game 28.
拒絕上癮

3分鐘創意禪

找一個手機遊戲，玩三分鐘，無論結果如何，時間到了立刻停下來。線上遊戲也可以。

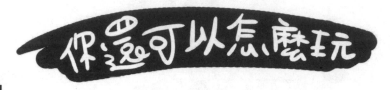

計數欄

喜歡吃甜食、喝飲料或者抽菸的朋友，今天甜食、飲料和煙，都只吃到一半、喝到一半、抽到一半就停下來，然後覺知自己心的變化。

124

和心對話

遊戲或者吃、喝、抽菸到中途,突然喊"卡",是什麼樣的感覺?當你事先知道有時間限制,在打 Game、吃東西、喝飲料或抽菸的過程,是否感到緊張?能不能保持覺知?現在,就寫下你心情的變化。

禪修大師告訴你

只要看小孩子玩電玩時，沉溺在按鈕殺敵或贏得點數，
你就知道這些電玩多麼令人著迷。然後你退一步想，
錢財、感情或其他你曾經玩過的成人「遊戲」，是不
是也同樣讓人上癮？　　～詠給・明就仁波切：《世界上最快樂的人》

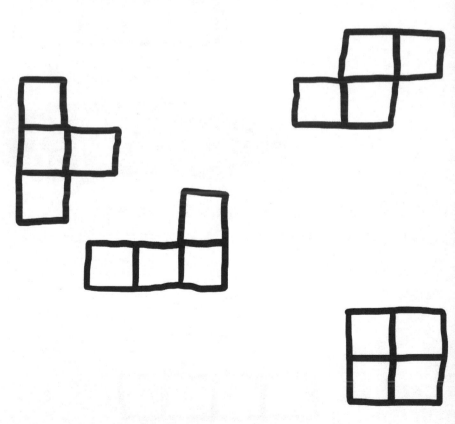

game 29.

靜止的河流

3分鐘創境禪

聞一聞下列五樣物品：舊書、一片葉子、
門把、鑰匙、電話，覺知它們的味道，
但是不就自己的好惡去判斷和批評。

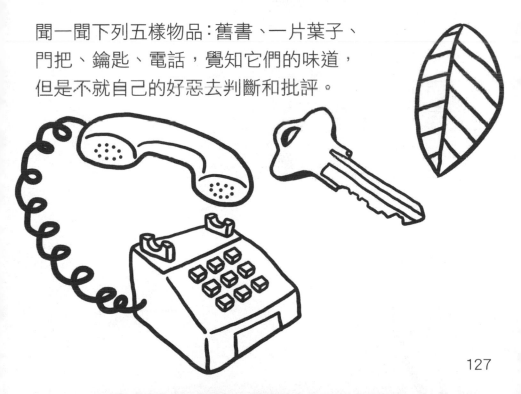

計數欄

生活中有哪些物品，是你從來沒有聞過，也不知道它是什麼味道，電腦、椅子、CD……，還有呢？

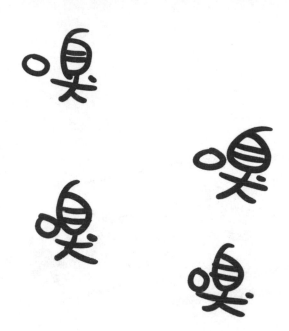

和心對話

平常以為很熟悉的物品，是不是還有很多你所不知道的部分，像是味道。心也是一樣！以為最了解自己的心，一旦保持覺知，會發現心其實沒有那麼聽自己的話喔！

禪修大師告訴你

心像是一條河流，企圖去阻止河水流動是沒有意義的。
看著念頭有點像是在趕公車一樣，你剛趕到公車站時，
發現公車正在離站，那就得等下一班車了。念頭和念
頭之間通常都有一個空隙，看著念頭的過程就是：念
頭→空隙→念頭→空隙→念頭……。如果持續不斷地
練習，這些空隙會越來越長，如實安住自心的體驗也
會變得越來越直接。　　～詠給・明就仁波切：《世界上最快樂的人》

game 30.
心也要健美

3分鐘創意禪

找一個健身運動，例如舉啞鈴、
仰臥起坐或伏地挺身，連續做
三分鐘，注意力放在動作上。

計數欄

游泳或做任何運動的時候，請對每個動作保持覺知。

和心

禪修的過程跟到健身房沒有什麼不同。你訂下目標，不管是減肥、鍛鍊肌肉、增進健康或其他目的，為了達成目標，你必須舉重、踩室內腳踏車、上課等等。

對話

你會逐漸看到運動的成果，這也激發你繼續努力的動力。禪修的目標，就是要開展覺性的穩定性，之後就能不動搖的看著念頭、情緒，甚至是身體的疼痛。

~詠給 · 明就仁波切：《你是幸運的》

禪修大師告訴你

世界上充滿了健身中心，而我們真正需要的卻是心的
健美。心的訓練很必要，因為心是「自我」的基礎，
沒有受過訓練的心，會讓你陷入各種紊亂中，因為這
樣的心容易被激怒、容易起伏、容易受外境影響、容
易受操縱、容易因為膚淺的讚美而滿足、容易受到無
意義的批評或毫無實質的惡言傷害；它也經常太僵化、
太固執，無法接受新鮮的主意。

～宗薩欽哲仁波切：《不是只要快樂》

Game 31.
逐漸鬆脫
～3分鐘創意禪～

請將曼陀羅著色，相鄰兩邊的顏色不能重複喔！

你還可以怎麼玩

計數欄

將畫好的圖做成電腦或手機桌面，
或者剪下來護貝，貼在辦公室，
用來做「視覺禪修」。

曼陀羅著色的過程，當心專注在顏色和手的動作上時，
平常綑綁住你的龐雜念頭，是否慢慢鬆脫，不再那麼
緊緊繫縛住了？而你選的顏色，跟心情有沒有關連呢？

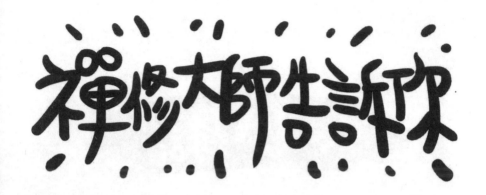

當你的念頭被時有時無的注意力覺察到時，就跟念頭會被其他事情，諸如：摺衣服、購物、準備開會等中斷一樣，你的念頭也會被你的覺察力岔斷，逐漸地，不愉快的念頭對心的箝制也會慢慢鬆脫。於是你開始瞭解到，這些念頭其實並不如一開始所呈現的那般堅實、強烈，而更像是電話忙線時的訊號，也許很煩人，但也沒什麼你處理不來的。

～詠給・明就仁波切：《世界上最快樂的人》

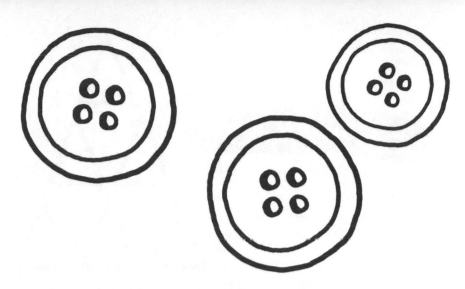

用三個鈕釦黏在這裡，創造出一隻動物。

Game 32.

沉澱一下…

~3分鐘創意禪~

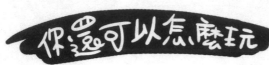

計數欄

用六個三角型，創造
放煙火的感覺。

和心對話

如何使創作這件事情變得更好玩？當心保持覺知時，
靈感是否更加源源不絕？

禪修大師告訴你

當水開始沉澱下來時，泥沙、污垢和其他淤積物就會
逐漸跟水分離，慢慢沉入底部，這讓你有機會把「水」
和「經過水中的一切」都看得清清楚楚。同樣的道理，
假如你能夠保持心的放鬆狀態，那麼，所有的念頭、
情緒、感官知覺和所接收的對境等「心的淤積物」就
會自然地平息，然後，內心本然的清明就會顯露而出。

～詠給·明就仁波切：《世界上最快樂的人》

Game 33.
措手不及.
~3分鐘創意禪~

照鏡子，觀察
自己的五官三
分鐘。

計數欄

貼一張自己一年前的照片，觀察照片裡的自己
和鏡子裡的自己有什麼不同，寫下來。

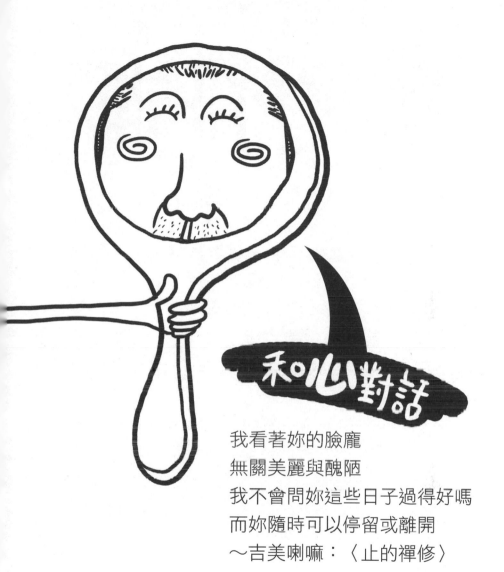

和心對話

我看著妳的臉龐
無關美麗與醜陋
我不會問妳這些日子過得好嗎
而妳隨時可以停留或離開
～吉美喇嘛：〈止的禪修〉

禪修大師告訴你

負面情緒經常以我們最意料不到的方式突然出現，讓我們措手不及。大多數人都知道一些簡單的方法來處理負面情緒，例如強迫自己微笑或深呼吸去驅除憂鬱的負能量。建立良好的人際關係或養寵物，可以獲得不同程度的快樂，這是由於大腦中產生了多巴胺和血清素，它能夠振奮精神。但是，還有一種更根本而簡單的方法，就是熟悉我們大腦的運作、思想及情緒——禪修。

〜Michael Clugston：〈想像中的情緒世界〉·《JOY OF LIVING》

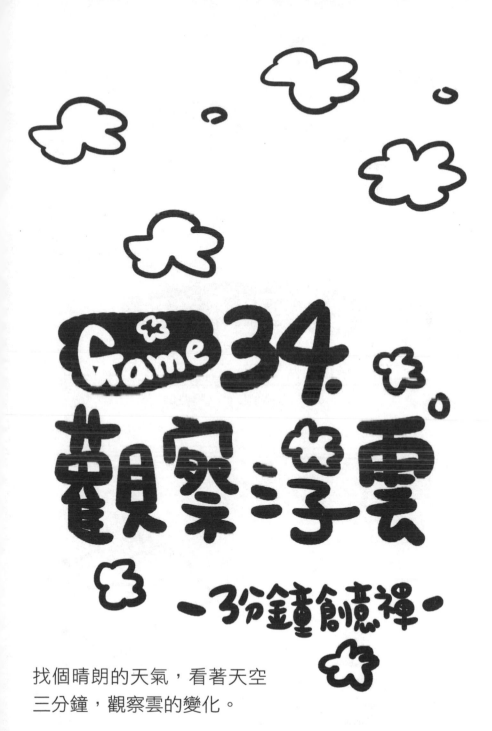

Game 34.
觀察浮雲
~3分鐘創意禪~

找個晴朗的天氣，看著天空
三分鐘，觀察雲的變化。

你還可以怎麼玩

計數欄

坐在戶外，覺知風吹過的感覺。

和心對話

我在夢裡夢見妳
我在夢裡醒來，在夢裡哭泣
就算我們每天見面
妳永遠只是我記憶中的樣子
～吉美喇嘛：〈觀的禪修〉

禪修大師告訴你

當你感覺到一絲憤怒的情緒生起時，如果可以選擇不憤怒，豈不是很好嗎？有一種非常棒的方法，可以幫助我們，就是將我們的情緒體現成浮雲。浮雲在藍天中，我們只是觀察著它，不去下判斷，不去改變它，不去攻擊它，也不去愛它。只需要觀察它。隨著我們的觀察，慢慢地，浮雲在天空中飄過，最終它消失了。

～ Barry Kerzin（美籍醫生兼僧人）：〈腦袋裡的情緒世界〉‧《JOY OF LIVING》

Game 35.
不少用力
─3分鐘創意禪─

什麼都不做，三分鐘。

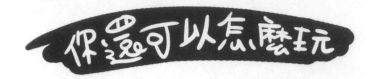

計數欄

當念頭出現，我們該做什麼？什麼都不做。干擾或多或少會出現：昨天說的話、上禮拜看的電影、剛才的交談、明天該做的事、突然的恐慌——今天早上有沒有關上廚房的瓦斯？諸如此類的事，它們都有可能出現；當它們出現時，回到呼吸上。

～宗薩欽哲仁波切：《人間是劇場》

每做一次禪修，
就蓋一次手印。

把靜心當作每天的功課。靜心能夠平息你的心，幫助你控制思想，並且讓身體恢復活力。只要每天三到十分鐘，就能對思想的控制產生不可思議的效果。

～朗達・拜恩:《秘密》

很多人以為，禪修就是要達到某種清晰鮮明的「不尋常」狀態，某種跟既有經驗完全不同的境界。他們心裡用力想著：「我必須達到心的更高境界……我應該會看到某種神奇的東西，像是虹光或淨土的影像等……我應該會在黑暗中大放光明才是。」這就叫做「過度用力」。事實上，禪修的重點就是要放下你對禪修的所有期待；你的本然心所具有的一切特質——寂靜、開闊、放鬆與清明，原本就已經在那兒了，你並不需要特別做什麼，也不需要轉換或改變你的覺知才能夠得到它們。

～詠給・明就仁波切：《世界上最快樂的人》

禪修大師告訴你

Game 36.

永不厭倦

-3分鐘創意禪-

原地旋轉十圈，然後定住。感覺意識與軀體的分離。

計數欄

數數看，你最多可以轉幾圈？你可以保持覺知多久？

當天地旋轉之際，專注體會自己身處宇宙正中心，意
識向外無限延伸的感覺。

禪修大師告訴你

枯躁乏味在禪修上很重要，能增強行者心理的成熟度，
開始將單調無聊轉化成自己的修養，直到無聊變成清
涼的無聊。如同山中的溪流，有條不紊地、源源不斷
地流著，那水非常清涼，非常提神。山永不厭倦為山，
泉也永不厭倦為泉。　　　　～邱陽 · 創巴仁波切：《自由的迷思》

160

Game 37.

再試一次

-3分鐘創意禪-

閉著眼睛淋浴，想像自己站在熱帶雨林裡，
突然一陣驟雨打在身上。去感受水溫、水
流或水柱，給你的感覺。

計數欄

閉著眼睛泡澡，想像自己正在日本某個露天溫泉勝地，毛孔一個一個張開，將宇宙最美好、健康、富足的能量全部吸進身體。

162

誰說禪修非得正襟危坐，把腳ㄠ得很痛，死命與妄念對抗不可？日常生活中例行的每一瑣事，都可以用來做練習。

和心對話

禪修大師告訴你

把握「時間短、次數多」的要領：打坐時，每次能夠安住個二、三秒即可。你可能會發現心才放鬆二、三秒，就又散亂掉，沒關係，就再這麼安住個二、三秒……。練習時，心要能提起覺知。

～詠給・明就仁波切：《明心之旅──次第走過》

Game 38.
壓抑，是危險的
～3分鐘創意禪～

打開電視，選一個你喜歡的節目，轉成靜音，
然後觀看影像三分鐘。

你還可以怎麼玩

計數欄

選一部電影，播放。不看影像，只聽聲音三分鐘。

和心對話

你總是很認真、有效率的「看」電視嗎？當你切掉電視的聲音，只是專心看者影像，曾不曾覺得很滑稽呢？螢幕中的人，有的在爭論、有的狀似興奮、激動，也有的表情猙獰、傷心，加上沒有聲音的廣告，如果只是單純地看著螢幕，感覺是充滿想像還是平淡乏味？覺知自己的感覺，並且寫下這個有趣的體驗。（以上部分內容摘錄自德瓦：《拔一根頭髮，在幻想的森林中散步》）

禪修大師告訴你

如果去壓抑情緒，那是極端危險的，因為我們將之視為可怕、可恥的事，那表示我們與情緒間的關係並非真正的開放——一旦試著壓抑情緒，終有一天它會衝出而爆發開來。另有一種可能性則是：不去壓抑情緒，卻放任它宣洩，最後讓自己被情緒沖昏頭。這種處理情緒的方式也是某種惶恐引起的，這表示自己與感情間的關係未獲適當的調節；這是另一種對於真實情緒的逃避，另一種解放——錯誤的解放。那是心與物質的混淆不清，以為藉行動將情緒發洩出來或使之產生效用，將可治癒情緒，解除它帶來的困擾。然而一般來說，那反而會增長情緒的威力，這是對情緒與心智的關係不夠清晰的緣故。　～邱陽・創巴仁波切：《自由的迷思》

Game 39.

不過是 食饒舌

— 3分鐘創意禪 —

寫下一件不開心的事情，或者一個你
不喜歡的人的名字，然後撕下這一
頁，揉成一團，丟到垃圾桶。

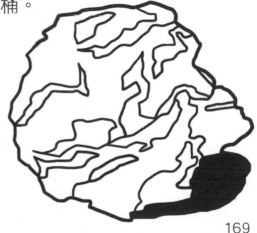

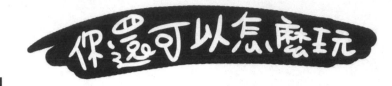

計數欄

在每一次覺知到負面情緒生起，就拿筆刺破一個洞。

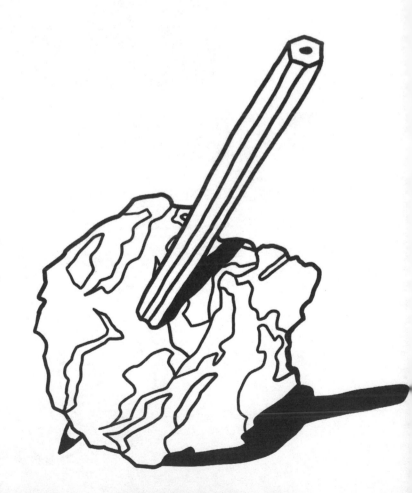

把負面情緒想像成一匹匹野馬，於是就會有憤怒馬、憎恨馬、指責馬、氣憤馬、暴躁馬、乖戾馬、急躁馬等，你想得到的都有，一整個馬廄都是負面感受的馬兒。如果你對已經發生的某件事有些失望，我會對自己說：「你為什麼要騎上那匹失望馬？現在立刻下來，因為牠會往更多失望衝過去，而你不會想去它要去的地方。」因此我把不好的感覺想像成騎上馬，既然騎得上去，我就下得來。

～朗達・拜恩：《力量》

和心對話

你並不是那個你自以為焦慮而有限的人。這些受限、焦慮、恐懼等感受，只不過是神經元在饒舌而已；在本質上，這些感受都只是習性，而習性是能夠斷除的。

～詠給・明就仁波切：《世界上最快樂的人》

Game 40.
跳一支舞
~3分鐘創意禪~

盡情跳舞三分鐘，注意力
放在身體的動作上。

計數欄

原地上下跳或者踏步三分鐘，
保持覺知，專注在動作。

盡情地
跳舞!!

和心對話

觀察情緒的體驗像什麼呢？情緒一直都在嗎？會改變嗎？當你觀察時，它們會躲起來嗎？它們主要是建設性的或破壞性的情緒呢？

欧巴!!
欧巴!!

禪修大師告訴你

我們害怕瞋恨或沮喪會強烈得令自己喪失正常行事的能力，而忘記該怎樣刷牙、打電話；更恐懼情緒可能泛濫致使自己陷入其中失去尊嚴，不足以為人。讓自己進入情緒中，屈服並經驗它，你與情緒的關係將如同一支舞的開始。

~邱陽・創巴仁波切：《自由的迷思》

Game 41.
只許發生然後⋯⋯
3分鐘創意禪

嚐一口很辣很辣很辣的辣椒，
一分鐘後再喝水。

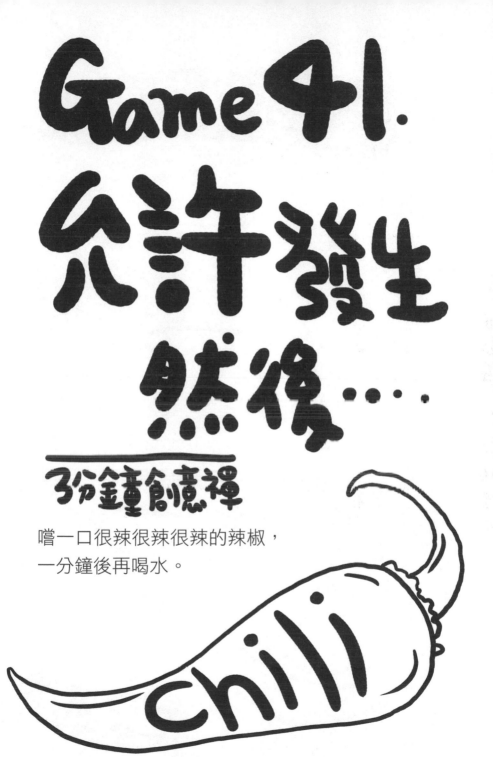

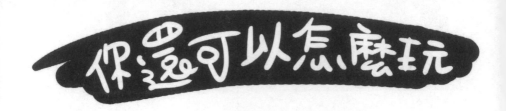

計數欄

選一樣很酸很酸，或者很鹹很鹹的食物，嚐嚐看，並覺知食物的味道。

超酸

當食物與味蕾的親密接觸，產生的強烈味道，是否和心與外在環境接觸發生的強烈情緒類似？面對不喜歡的味道和面對不喜歡的情緒，處理的方法都是一樣的。

當你出現強烈的情緒感受時，試著練習這種溫和的注視。允許情緒生起，但你注視它，就像在看著一件正在較廣覺性範疇中發生的事情一般。告訴自己，不論你正在經驗的是什麼，那不是全部的「你」；告訴自己，你正在感覺的，僅只是你所經驗的一小部分。

～措尼仁波切：〈佛性——藏傳佛教中開啟心靈的五個妙方〉

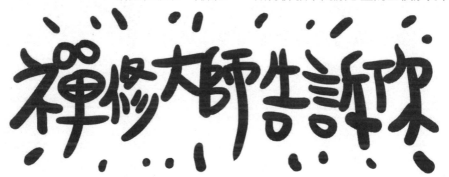

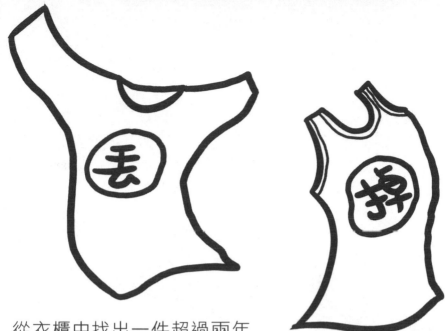

從衣櫃中找出一件超過兩年
不曾穿的舊衣服，把它丟掉。

Game 42.
放棄企圖

3分鐘創意禪

計數欄

從儲藏室找出很多年不曾使用的物品，送給需要的人或者丟掉。

你還可以怎麼玩

把你人生故事中你不想要的事物丟掉。丟掉和你童年時期有關，你不想要的事物，保留你喜愛的；丟掉和你青少年及成年時期有關、你不喜歡的事物，保留美好的。只要留下你這一生喜愛的事物就好，過去的所有負面事件早已落幕、早已結束。你不再是那時的你，所以如果它們會讓你產生不好的感覺，為什麼還要放進你的故事裡？

〜朗達‧拜恩：《力量》

禪修大師告訴你

當我把注意力引到那感受痛苦的心，而不是專注在某個痛點時，痛苦雖然不一定會消失，但是，卻讓我積極參與了當下正在發生的經驗，而不是企圖去逃避它。同樣的道理也適用於愉悅的感覺。我不企圖去延續這些感覺，而是只單純地觀察著這些愉快經驗的顯現。事實上，早年所受的訓練讓我瞭解到，如何利用感官知覺作為檢驗並領會自心無限潛能的工具，而不反過來被感官知覺所利用，強化了被身體箝制的一種侷限感。

～詠給‧明就仁波切：《世界上最快樂的人》

Game 43.
簡直棒呆了

3分鐘創意禪

將以下這段話輸入電腦或手機中，然後傳給十個對你重要的人。

願你遠離苦惱，願你平安快樂。
我真誠的感恩你出現在我的生命，
帶給我數不盡的美好。

紅色的喔!!

你還可以怎麼玩

計數欄

每生起一個感恩的念頭，就塗上一顆紅心！

我們的大腦有一種特質叫神經可塑性（neuroplasticity），
意思是說它可以改變結構，活化形態，不只是在童年期
（我們都預期兒童的大腦會改變），同時也持續到成人
期。……光用想的本身也會增加或減少某個特定的大腦
神經迴路，例如認知行為治療法可以成功的使過度活化
的「擔憂迴路」（worry circuit）安靜下來，這條迴路的
過度活化會引發強迫症。心智活動是大腦的產物，但是
它卻可以回頭去改變我們的大腦。

～戴維森＆貝格利：《情緒大腦的祕密檔案》

禪修大師告訴你

看著同時間發生的兩種矛盾、衝動時，我可以看到自己的心在處理「逃避」與「接受」的中間過程；結果，覺察心的活動竟然變得比「逃避」或「接受」還要有趣的多。看著自己在運作真是棒呆了！

～詠給・明就仁波切：《世界上最快樂的人》

Game 44.
不是敵人

3分鐘創意禪

把家裡的垃圾桶拿去
清洗乾淨,對於垃圾
桶內的污垢,如果生
起厭惡髒汙的感覺,
就單純地覺知這個感
覺,不再進一步評論
厭惡的感覺。

計數欄

看著垃圾桶，觀察被丟棄的垃圾是否會改變？當我們將物件丟棄後，就等於它們被消滅了嗎？

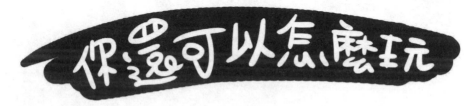

垃圾桶雖然承載著被棄置的垃圾，而且可能還散發出
難聞的氣味，但它是生活中的敵人還是朋友？煩惱也
像我們心中的垃圾，儘管覺得不舒服，但煩惱真的是
自己的敵人嗎？

禪修大師告訴你

煩惱不是敵人，而是我們的朋友！每一種煩惱都是智慧的基礎，倘若我們深陷煩惱之中，就會試圖壓抑這些煩惱，最後就會作繭自縛，為自己製造更多問題。如果能反過來看這些煩惱，那些我們深恐會傷害自己的事物，就會逐漸轉化為我們所能期待的最有力的禪修助緣。

～詠給・明就仁波切：《世界上最快樂的人》

Game 45.

非關競賽

3分鐘創意禪

把一條橡皮筋用力拉開,直到完全沒有
彈性,然後拿膠帶黏在這一頁。

↖
請貼這裡

你還可以怎麼玩

計數欄

換你來想！

佛陀說修行要像彈琴，琴弦太緊容易斷，太鬆又彈不出聲音，要不鬆不緊才能奏出美妙的樂音。

禪修大師告訴你

短時間、多次數：禪修不是競賽！最好把禪修看作上健身房。有人只能舉十磅重，有人卻可以輕易地舉起五十磅；如果你只能舉十磅，千萬不要逞強舉五十磅，否則不但會把自己累死，而且很可能會就此放棄。禪修時，要像上健身房運動一樣，盡力就好，不要超過自己的極限。輕鬆地花十五分鐘所做的禪修，最後可能比有些人過分勉強地花好幾個鐘頭做長時間禪修來得更有益處！

　　　　　　　　　　～詠給・明就仁波切：《世界上最快樂的人》

Game 46.

STOP 停下來!

3分鐘創意禪

瑜伽大休息：平躺在地上，腳打開與肩同寬，雙手伸直攤開在大腿兩側，掌心向上，將身體的意識力放在地板，覺知全然放鬆的感覺。

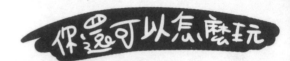

計數欄

在陽光下躺三分鐘，完全放鬆。

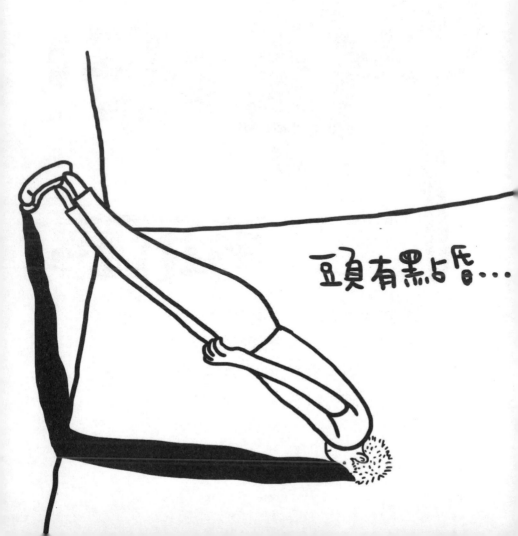

頭有黑點昏⋯

什麼都不做！不用覺得罪惡，休息是在增強心的肌耐力。

～詠給 · 明就仁波切：《你是幸運的》

當你開始覺得無聊或疲倦，心想：「不行，我一定要再試一次。」或者你的慈悲心已經有了驚人的進展，你覺得：「我真的轉化了，我可以傳送我所有的美善特質給一切大眾。」這時——你該停下來了！

～詠給・明就仁波切：《你是幸運的》

雙贏秘技：
慈悲，讓你成為不敗玩家！

你可以正面迎擊逆緣，也可以委婉迴避障礙，就是
不能不明白慈悲才是解危妙招。

Game 47.

這樣才4快樂

3分鐘創意禪

寫出自己的五個優點，然後告訴自己：

「謝謝我這麼棒！」

計數欄

向你的一位家人、一位好朋友和一位同事或同學，說出他們的五個優點，並且告訴他們：

「你真的很棒！」

우수한

すごい

Great!

Excelente

和心對話

恨使生活癱瘓無力，愛使它重獲新生。恨使生活混亂不堪，愛使它變得和諧。恨使人生漆黑一團，愛使它光彩奪目。　　～馬丁‧路德‧金恩博士、浸信會牧師及人權領袖：《力量》

très bien.

禪修大師告訴你

不論禪修多久，不論運用什麼禪修技巧，也不論覺察與否，每一種佛法的禪修技巧最後都會引發慈悲心。當你看到自己「渴求快樂」的慾望時，一定也會看到他人有著相同的慾望；當你清楚觀照自己的恐懼、憤怒或瞋恨時，實在無法不看到周遭的人也都有著相同的恐懼、憤怒或瞋恨。當你看著自己的心時，自身與他人所有虛構的差異就會自動消融，而古老的祈願「四無量心」就會變得像是自己的心跳般自然且持續：願一切有情具樂及樂因；願一切有情離苦及苦因；願一切有情具喜及喜因；願一切有情遠離怨親愛憎，常住大平等捨。

~詠給‧明就仁波切：《世界上最快樂的人》

Game48.
對自己溫柔

3分鐘創意禪

向你的各個感官表達謝意：謝謝讓你看得見的眼睛、聽得見的耳朵、可以品嘗食物的嘴巴、可以嗅聞味道的鼻子，以及讓你可以感覺的皮膚。感謝讓你行走的雙腳，讓你用來做幾乎每一件事的雙手，以及讓你能表達意見、與人溝通的嘴巴。感謝你神奇的免疫系統，讓你保持健康或痊癒；感謝你所有的器官完美地維持著你的身體，讓你活著。感謝你美妙的大腦，這世界上沒有任何電腦科技能複製它。

～朗達・拜恩：《秘密》

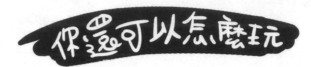

計數欄

每天都要讚美你的身體，並向每一個部位說聲：

「謝謝！」

ありがとう

Merci

Thank you

Gracias

감사합니다

和心對話

當一切都很順利時，你會對自己的家人和所愛的人表達感激之情嗎？身體健康狀況良好時，你會感恩嗎？或者只有當生病或受傷時，你才會注意到自己的健康？

「一般的慈悲」包含許多階段。第一個部分，是學習溫柔地對待自己，欣賞自己的優點。這不是自艾自憐，也不是無止盡的重演內心痛苦的情節，或是後悔當時情況如果不同，結果可能會不同；這個修持，是以「當下的自我體驗」為禪修焦點。這樣做並不是在尋找「我」的概念，而是在尋找「當下活著」的體驗。如果我能夠獲得快樂與快樂的因，那該有多好。最好的方法就是「掃瞄練習」。　　～詠給‧明就仁波切:《你是幸運的》

Game 49.
自他交換

慈悲心禪修：專注呼吸。吐氣時，想像你此生所有快樂和幸福，以明亮光芒的形式，從你自身放出去；光芒遍照所有的眾生，融入他們，滿足他們所有的需求，消除他們的痛苦。吸氣時，想像所有眾生的痛苦就像黑暗混濁的煙霧，吸入鼻孔，並融入心間。 ～詠給・明就仁波切:《你是幸運的》

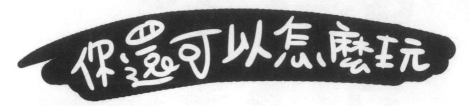

計數欄

每完成三分鐘慈悲心的觀修，就給自己一個 "讚" ！

和心對話

我每天會提醒自己一百次，我的內在和外在生活都是
仰賴他人——無論活著或已經去世——努力的成果。
所以，我必須竭盡全力，希望能以同等的貢獻回報我
從過去到現在自他人身上所獲得的一切。

～愛因斯坦（1879-1955）

禪修大師告訴你

我們一再被告知，「自我珍愛」以及只顧自己幸福的
習氣，就是我們痛苦的根源與心靈之道的絆腳石，所
以，對治它的方法顯然就是珍愛他人。這方法很簡單。
呼氣時，把所有的快樂、美德與物質財富，毫無分別
地給予每個眾生；吸氣時，吸進他們所有的痛苦、困難、
障礙以及不善的念頭與行為。……這麼做不僅能鞏固
自己的信心，而且還能完全去除自尊心匱乏的狀態。

～宗薩仁波切：《不是為了快樂──前行修持指引》

Game 50.

3分鐘創意禪

Remember!

想一個屬於你的禪修遊戲。

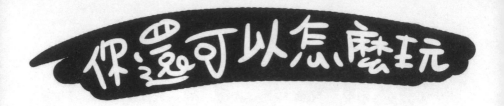

你還可以怎麼玩

計數欄

換你來想！

和心對話

寫下禪修對你的啟發。

禪修大師告訴你

禪修最大的障礙是「忘記」。

~詠給・明就仁波切

禪修大師 Here! （依內文出現先後排序）

◆邱陽 · 創巴仁波切

70 年代將佛法帶入西方，以狂慧教授嬉皮金剛乘，並在美國創辦那洛巴大學與香巴拉研習所。仁波切超越一般社會的期望和行為的限制，毅然捨棄僧人身分，教大家透過禪修突破語言、觀念和生活的迷障。

◆詠給·明就仁波切

巡迴全球 30 多國講學 10 年，是藏傳佛教史上最年輕閉關的上師，創辦「開心禪」課程。2002 年參與美國衛斯門實驗室的神經科學測驗，被測出有史以來最高的快樂腦波指數，《時代雜誌》與《國家地理雜誌》譽為「世界上最快樂的人」。

◆宗薩蔣揚欽哲仁波切

藏傳佛教中欽哲傳承的主要轉世，是暢銷書作家，也是聞名影壇的獲獎導演，親自撰寫並執導《高山上的世界盃》、《旅行者與魔術師》、《瓦拉：祈福》三部電影，是最具創意、享譽世界的新世代精神導師。他教大家認出「世間的一切，就像一場電影」。

◆林谷祖古仁波切

第十七世大寶法王噶瑪巴最重要的隨身英文翻譯。90 年代起前往歐、美、亞、非等洲各地大學、專門機構以及佛學中心講學，特別擅長以幽默的語言和現代人分享佛法智慧，是推廣第一世蔣貢康楚仁波切法教與利美運動的權威。

◆措尼仁波切

1966 年出身藏傳佛教著名的證悟家族。捨出家戒成為一個已婚的男人與父親，讓他培養更高的敏銳度，了解全世界的在家修行人所要面對的問題。在西方弘法迄今 20 餘年。

喚起 3

在遊戲裡，禪修！
100 Meditation Games！
每天 3 分鐘，五位大師教你新鮮有趣的創意靜心

編　　著	噶瑪旺莫
插　　畫	傑洛米
發 行 人	梁崇明
企劃主編	張幸雯
封面設計	劉亭麟
版面構成	傑洛米

出　　版	大喜文化有限公司
P.O.BOX	中和市郵政第 2-193 號信箱
發 行 處	23556 新北市中和區板南路 498 號 7 樓之 2
電　　話	（02）2223-1391
傳　　真	（02）2223-1077
電子信箱	joy131499@gmail.com
銀行匯款	銀行代號：050，帳號：002-120-348-27
	臺灣企銀，帳戶：大喜文化有限公司
劃撥帳號	5023 2015，帳戶：大喜文化有限公司
總經銷商	聯合發行股份有限公司
地　　址	231 新北市新店區寶橋路 235 巷 6 弄 6 號 2 樓
電　　話	（02）2917-8022
傳　　真	（02）2915-7212

初版一刷	2014 年 5 月
I S B N	978-986-90007-1-0　（平裝）
定　　價	新台幣 320 元

在遊戲裡，禪修！ 100 Meditation Games ！——每天 3 分鐘，
五位大師教你新鮮有趣的創意靜心 / 噶瑪旺莫著 . -- 初版 . --
新北市：大喜文化，民 103.05 面；公分 . -- (喚起；3)
ISBN 978-986-90007-1-0(平裝)

1. 佛教修持 2. 遊戲

225.7　　　102024321